<u>Jürgen Spohn</u>, 1934 geboren, lebt vorzugsweise in Berlin. Dort ist er Professor an der Hochschule der Künste. Für seine Bilderbücher erhielt er viele Auszeichnungen, auf der Biennale in Bratislava (BIB) als erster deutscher Künstler einen »Goldenen Apfel«. Für sein Versebuch »Drunter & drüber« wurde er 1981 mit dem Deutschen Jugendbuchpreis ausgezeichnet. Jürgen Spohn veröffentlichte auch Plakate und Poster. Für die Deutsche Bundespost entwarf er eine Briefmarke. Seine Text-Bild-Bücher stellen naive oder hintergründige Fragen. Sie wenden sich an jeden, der sich davon angesprochen fühlt – also an Große & Kleine. Es sind Bilderbücher zum laut und leise Lesen, zum Weitergeben und zum Liebhaben . . .

Jürgen Spohn
darum

Ganzkurzgeschichten, Verse
& farbige Wünschelbilder

BELTZ
& Gelberg

© 1984 Beltz Verlag, Weinheim und Basel
Alle Rechte vorbehalten. Programm Beltz & Gelberg, Weinheim
Einband und Innenausstattung von Jürgen Spohn, Berlin
Gesetzt aus der 24 Punkt Times
Gesamtherstellung Beltz Offsetdruck, 6944 Hemsbach üb. Weinheim
Printed in Germany
ISBN 3 407 80291 9

Ach, wirklich?

Auch ein Anfang fängt mal an. Das nennt man den Anfang von dem Anfang. Na, ja, und auch dieser Anfang von einem Anfang hat einen. Oder? Aber, dann muß doch dieser Anfang auch einen Anfang haben. Hat er auch. Aber das ist ja zum verrückt werden, denn dieser Anfang hat auch wieder einen Anfang. Sind wir jetzt am Anfang? Ja, fast. Strenggenommen fängt auch er irgendwo an, dieser Anfang von dem Anfang des Anfanges, der auch einen Anfang hat. Wer möchte das bezweifeln?

Meine sehr verehrten Damen und Herren . . .

Mitten

Es kroch
aus einem Saxophon
ein falscher Ton
mitten im *ADAGIO*
und
schämt sich so . . .
und
schämt sich so . . .

Der Haufen

Wir wenden uns heute dem Haufen zu. Der Haufen unterscheidet sich vom Nichthaufen durch eine haufenartige Anhäufung. Hingegen ist der Nichthaufen häufig einfach gar nicht vorhanden. Ein Häufchen kann eine Vorstufe des Haufens sein. Aber wo hört das Häufchen auf und fängt der Haufen an? Es muß nicht aus jedem Häufchen ein Haufen werden. Und nicht jeder Haufen war zuvor ein Häufchen. Oder? Nehmen wir einmal drei Erbsen. Ist das ein Haufen? Oder ein Häufchen? Oder beides nicht? Bleiben drei Erbsen vielleicht schlicht drei Erbsen? Aber wie verhält es sich mit vier Erbsen? Vier ist schwierig. Nehmen wir vier mal vier Erbsen mal vier. Oh, müssen es unbedingt Erbsen sein. Warum denn gerade Erbsen. Sch. . . .

Katzekatzekatze

Hast du

Hast du
(das geht selten gut)
ein paar Taler
unterm Hut
kommt der Kauz
und klauts

Hast du
auf dem Teller ein
schönes Stückchen
junges Schwein
kommt der Kauz
und klauts

Hast du
(um mal dran
zu naschen)
einen Vorrat
volle Flaschen
kommt der Kauz
und klauts

Hast du
(von der besten Sorte)
Tante-Tuttis-
Weincremetorte
kommt der Kauz
und klauts

Hast du
(was es geben soll)
einmal deine Tüte voll
kommt der Kauz
und klauts

Vereinigung

Der Himmel und das Meer waren verliebt. Sie wollten sich gerne berühren – aber an welchem Ort? Also fragten sie Gott: wo können wir uns vereinigen? Seine Antwort war: Ich will euch eine Stelle nennen – fernab, mit dem Namen: ›Horizont‹.

Zu später Stunde

Milben

Es liebt sich
ja so mancherlei

Die Henne liebt
ihr erstes Ei

Der Finger liebt
den Fingerhut

Und die Enttäuschung
liebt die Wut

Auch in dem Wörtchen
MIL-BEN
da liebten sich
zwei Silben

Raus

Mitten im Winter stolperte der Frühling herein.

»Raus hier«, schrie der Winter und versetzte ihm einen Tritt.

Der Frühling drehte sich noch mal um und sagte:

»Na warte!«

Mitbringsel

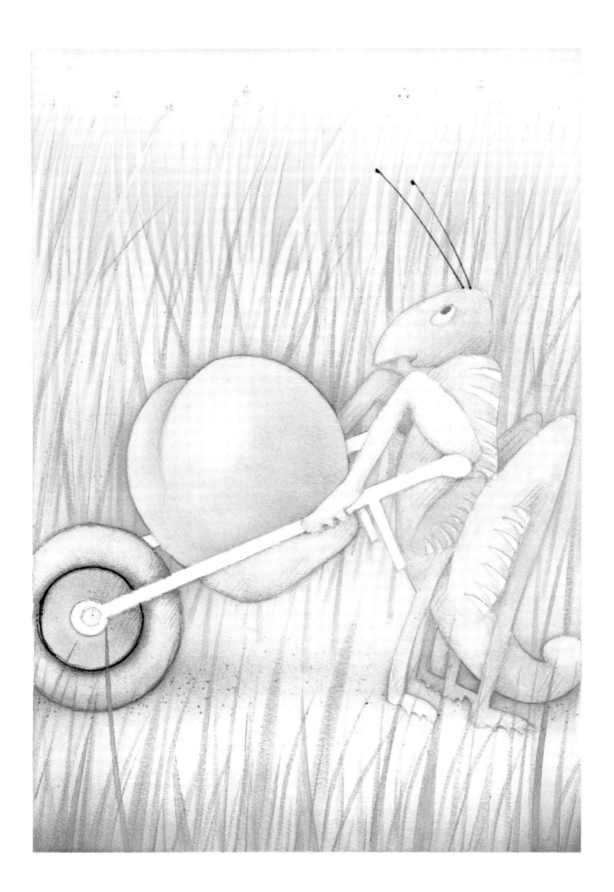

Versöhnung

Schwarz sucht weiß
kalt sucht heiß
weit sucht eng
sanft sucht streng
stark sucht schwach
still sucht krach
oft sucht nie
der sucht die
hier sucht dort
komm sucht fort
rauh sucht glatt

glatt sucht matt
hin sucht her
leicht sucht schwer
streng sucht mild
zahm sucht wild
grad sucht krumm
schlau sucht dumm
groß sucht klein
dein sucht mein
grob sucht fein
ja sucht nein

Genau

Ich will dir mal was sagen, beginne ich unaufgefordert: Wenn du es unbedingt tun mußt, dann tu es! Nein, ich muß ja nicht unbedingt, entgegne ich. Also, du willst, auch wenn du nicht mußt? Ich will gewollt haben, was ich muß. Ach so, du willst dir das Muß versüßen? Ja, du hast recht, vermeiden, gemußt zu haben ohne zu wollen. Man kann wollen, ohne zu müssen, und müssen, ohne zu wollen. Und was ist mit dem Dürfen? Ja, sage ich, der Regelfall ist, wollen, ohne zu dürfen. Dürfen, entgegne ich, ohne zu müssen, ist besser, als sollen, ohne zu müssen. Hör doch mal, du hörst mir doch gar nicht zu: Also nehmen wir einmal an, du willst, sollst aber nicht, weil du eigentlich nicht darfst. Du mußt, du mußt es lassen. Ich will aber! Warum? Weil ich nicht dürfen soll. Deshalb!

Hatschi

Unklarheit

Kannst du mir erklären, was ein Morgenteuer ist? Nein, aber was ein Abenteuer ist, weiß ich. Das weiß ich selbst. Aber ein Morgenteuer. Was ist ein Morgenteuer? Vielleicht ist es das Gegenteil vom Gesternbillig? Das glaube ich nicht. Eher ist es das Gegenteil von einem Abenteuer. Aber was ist das Gegenteil von einem Abenteuer? Na, eben ein Morgenteuer!

Zahlenspiele

Sagt die 4
ich mag die 7
wär so gerne
dageblieben
denn die Ehe
mit der 3
ist vorbei

Will die 2
mal mit der 4
(heimlich hier)
wird geboren
über Nacht
eine 8

Geht die 1
weg von der 3
bleiben
immerhin
noch 2

3 wär
ach so gerne 4
wieviel
sag mir
fehlen ihr?

Für zwanzig Pfennig

Zum:
Mitnehmen

NEBEL

Ein . . .

Ein Jucker juckt
Ein Drucker druckt
Ein Via dukt
Ein Gucker guckt
Ein Zucker zuckt
Ein Schlucker schluckt
Ein Mucker muckt
Ein Stecker steckt
Ein Wecker weckt
Ein . . .

Nachrichten

Es hütete
ein Schäfer
drei Käfer

Ein Metzgerlein
legt's Messer weg
und küßt
sein Schwein

Die Freiheit
war noch nie so frei
Linkspartei
sucht Rechtspartei

Das Matterhorn
ist nicht gerade
oh wie schade

Ein Studienrat
ertappte sich
auf frischer Tat

Bestattungs-
Unternehmer
mit Luxussarg
macht Sterbefall
bequemer

Den Fortschritt
juckt das Hinterbein
Den Doktor her –
Fortschritt muß sein

Der Tod schickt
seinen Sekretär
Für Frieden kämpft
das Militär

Das Wetter:
Wie denn wird es sein?
Regensturm
küßt Sonnenschein

Wer kommt denn da?

Tag – Nacht

Und wieder ist eine
Nacht Nacht
nachdem ein
Tag Tag
war
bevor ein
Tag Tag
wird
und wieder ist ein
Tag Tag
nachdem eine
Nacht Nacht
war
bevor eine
Nacht Nacht
wird

Dabei

Einer, der dabei war, traf einen, der nicht dabei war. Wenn du dabei gewesen wärst, sagte der, der dabei war, zu dem, der nicht dabei war, dann wüßtest du, wie einem dabei ist. Dabei ist es gar nicht so einfach, dabei zu sein, sagte der, der dabei war zu dem, der nicht dabei war. Der, der nicht dabei war, sagte zu dem der dabei war: Daß ich nicht dabei war, sagt nicht, daß ich nicht dabei hätte sein wollen, um dabei herauszufinden, wie einem dabei ist. Dabeisein, sagte der, der dabei war, zu dem, der nicht dabei war, hilft allen, die nicht dabei waren, zu vermitteln, was man dabei empfindet, wenn man dabei war.

Ich dich auch

Zu wem

Es ging das Glück
schon wieder mal
nach Wuppertal
hinter der Brücke
zweite links
zu Hermann
und Elfriede Dings
Schillerstraße 3 bis 4 . . .

und nicht zu mir

Bei den Orbusse-Ovis

Die Ovis lebten nicht schlecht.
Sie ernährten sich von Orbussen.
Diese gediehen jeweils zu Füßen der alten
Orbusse. Ein Orbus reichte für einen Ovi
eine ganze Weile.
Alle hatten genug. Es hätte eigentlich so
bleiben können. Aber die schmackhaften
Dingerchen waren nicht lange haltbar.
Eines Tages erfand ein Ovi, wie man aus
Orbussen Orbustrat gewinnen kann. Das
ließ sich gut aufheben und lagern. Bald
gab es eine Orbustrat-Industrie. Alle
erreichbaren Orbusse wurden verwertet.
Mehr und mehr Ovis legten sich einen
Orbustratvorrat an. So wurden die
Orbusse schnell weniger und konnten sich
nicht vermehren. Das kümmerte die Ovis
nicht, denn sie hatten ja reichlich Orbustrat gestapelt. Einer fand den letzten
Orbus – dann waren sie alle.

Heiße Tränen

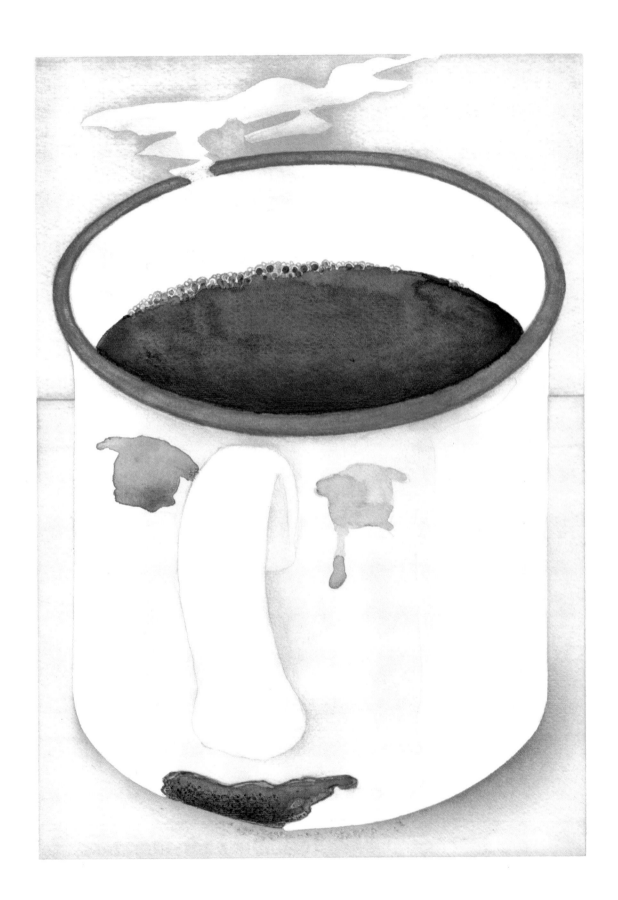

Halloh

Du zu mir:
Halloh
Ich zu dir:
Halloh
Du zu mir:
Na?
Ich zu dir:
Na?
Du zu mir:
Wie isses?
Ich zu dir:
So lala?
Du zu mir:
Immer so weiter!
Ich zu dir:
Soll ich dir was
in dein Poesiealbum
schreiben:
Es wird nicht so
weitergehen –
so nicht!

Mia sagt

Mia sagt:
Das Glück hat Fell
und ist
wie eine Maus
so schnell

Lieber Lachs
als Kite-Kat
(wenn man
gar nichts andres hat)

Such mich
wenn ich
mich verstecke
unter deiner
Rheumadecke

›Schnurren lernen –
leicht gemacht‹
heißt mein Kurs
von sechs bis acht

Mia sagt:
So soll es sein –
Ist man Katze
hat man Schwein

Demnächst Mieterhöhung

Loblied

Es lebe das
Basilikum
Basilikum
Basilikum

Dreimal hoch
Basilikum
Basilikum
Basilikum

Lobpreis dem
Basilikum
Basilikum
Basilikum

Dem Leser
wird es
jetzt zu dumm
Basilikum
Basilikum
Basilikum
Oder?

Fragebogen

Warum heißt der Fragebogen Fragebogen? Weil man sich fragt, was die Fragen sollen. Nun wäre der fragliche Bogen weit weniger Fragebogen ohne Fragen. Daher wird der Fragebogen auf den Fragen bestehen – gleich, ob die Fragen der Frage wert sind. Frage: Ob man nicht vielleicht doch mal einen Fragebogen bewegen sollte, auf die Fragen zu verzichten – einfach nur Bogen . . .

Teebesuch

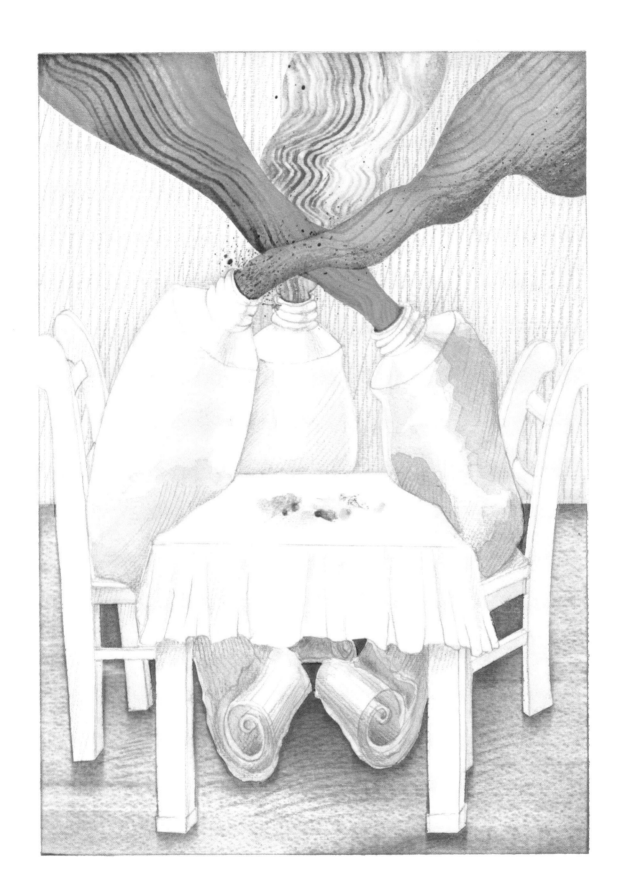

Heute

Übermorgen ist morgen gestern
Gestern war gestern vorgestern
Heute wird morgen gestern
Gestern war morgen heute
Morgen wird gestern vorgestern
Heute ist heute ist heute

Vortrag

Liebe Mitkäfer! Ein Käfer über Käfer – sollte man nicht einen Käfer bitten, einen Nichtkäfer zu bitten, über Käfer zu sprechen? Was weiß schon ein Käfer über Käfer? Nun denn! Der Käfer sieht vorne aus wie ein Käfer, von der Seite auch. Ja, auch hinten sieht er so aus wie ein Käfer. Von oben und unten auch. Und nun, verehrte Käfer, kommen wir zum Innen. Innen ist der Käfer sehr, sehr Käfer. Der Käfer fühlt sich als die Krone der Schöpfung. Mit Recht, liebe Käfer, mit Recht; er ist die Krone der Schöpfung!

Ich danke für die Aufmerksamkeit. Ach so, beinahe hätte ich es vergessen – über den Käfer: Der Käfer ist ein besonders gelungenes Lebewesen. Ein Käfer bleibt immer Käfer. Aus der Nähe bleibt er ein Käfer, und aus einiger Entfernung bleibt ein Käfer auch ein Käfer. Der Käfer ist durch und durch Käfer. Jawohl! Danke.

Lach nicht

Kann kann

Man muß, solange man kann. Wenn man nicht mehr kann, kann man nicht mehr. Wollen kann man natürlich, wenn man nicht mehr kann. Doch ist das Wollenkönnen nicht mit dem Könnenkönnen gleichzusetzen, sonst müßte man ja nur wollen können, um können zu können.

Gemeinheit

Ein Bandwurm
der aus Schauenslust
schon mal
auf einen Turm gemußt
der hatte
oben angekommen
Krach
mit seinem Rest bekommen

Bei Stufe zehn
da blieb
das Bandwurmende stehn
und konnte
überhaupt nichts sehn

Rück mal 'n Stückchen

Sinn

Es sann ein Schwein
im Schlachthof
über Sinn und Sein
dachte:
Mein liebes Metzgerlein
ich mache dich jetzt
kurz und klein
und misch dich
du verdammtes Schwein
mit Pfeffer
ins Gehackte rein

Ende

Zwischen zwei Buchdeckeln lebte eine Geschichte. Sie war noch nicht fertig. Draußen wartete ein trauriges und ein glückliches Ende auf Einlaß. Jeder wollte rein. Die beiden gerieten in Streit. Geht jetzt diese Geschichte gut aus – oder nicht?

Da, da, da

Wirbeltier

Komm raus
du kleines Wirbeltier
und wirbel mir
und wirbel mir
und wirbel mir
Ja so

Butter

Es war einmal einer – ein Buttervombrotnehmer. Der Buttervombrotnehmer nahm den Leuten die Butter vom Brot. Bevor sie wieder zubeißen konnten, war die Butter vom Brot runter. Bei dem Buttervombrotnehmer aber wurde die Butter immer mehr. Einmal nahm ein Buttervombrotnehmer dem Buttervombrotnehmer die Butter vom Brot. Als der Buttervombrotnehmer plötzlich trockenes Brot in der Hand hatte, sprang er auf mit einem Schrei und rief nach der Polizei. ›Butter vom Brot‹, klagte der Buttervombrotnehmer, ›plötzlich war die Butter vom Brot.‹ Was soll man ihm raten?

Glatte Landung

Kniestrumpf

Ein Kniestrumpf kann nur ein Kniestrumpf sein, wenn er ein Knie bedeckt. Wenn ein Kniestrumpf so nahe vor dem Knie haltmacht, dann ist er doch kein Kniestrumpf – oder?

Ja da

Sieh mal ein:
Muttermal
am Fliegenbein

Wo denn wie?
Da, ja da
ein halbes Millimeterchen
oberhalb vom Knie

Die ersten Gäste

kamen & gingen

gingen & kamen
ich kam & ging
du kamst & gingst
er kam & ging
sie kam & ging
es kam & ging
wir kamen & gingen
ihr kamt & gingt
sie kamen & gingen
gingen & kamen
kamen & gingen

Paris

Da sind doch gestern
zwei Stubenfliegen
im Frankfurter Flughafen
zugestiegen
und hatten das Glück
einmal Paris
und wieder zurück
Zu Hause
haben sie angegeben:
VIVE LA VIE
(Es lebe das Leben)

Hoppla

Darum

Warum
geh ich immer
da rum

Ich geh
doch immer
da rum

Darum
geh ich immer
da rum

Warum denn

Am Anfang ist der Anfang.
Er dauert bis zum Ende.
An der Stelle, wo das Ende
anfängt, ist der Anfang
zu Ende. Ohne Anfang gibt
es kein Ende. Und ein Ende
hat immer einen Anfang.
Der Anfang unterscheidet sich
vom Ende durch die Reihenfolge.
Das Ende folgt dem Anfang.
Man kann nicht mit dem Ende
anfangen und dem Anfang
aufhören. Nein, das geht nicht.
Manches geht eben nicht.

Bald am Ziel

Na wie

Ich bin dafür.
Na, wofür bist du denn?
Ich bin dafür, daß wir dagegen sind,
damit keiner denkt, daß wir dafür sind.
Also wie, bist du nun dafür oder dagegen?
Ach, Mensch . . .

Halloh, wer da

Ich komme schon
sag ich zu dem Telefon
Halloh, wer da?
Ach so, ja ja
Mir danke gut
Was man so tut
Wie, was, wieso?
Wann, weshalb, wo?
Genau, ja das
Wie bitte, was?
Ich kleiner Dicker?
Sie unverschämter
Krümelpicker!

Elisenstraße 91

Nase

Am Anfang
bist du wie du bist
auch wenn das
noch nicht alles ist

Doch in der Mitte
kommst du drauf:
Du setzt dir eine
Nase auf

Am Ende
weißt du nicht genau
war das nun dumm
oder war es schlau